AF314215

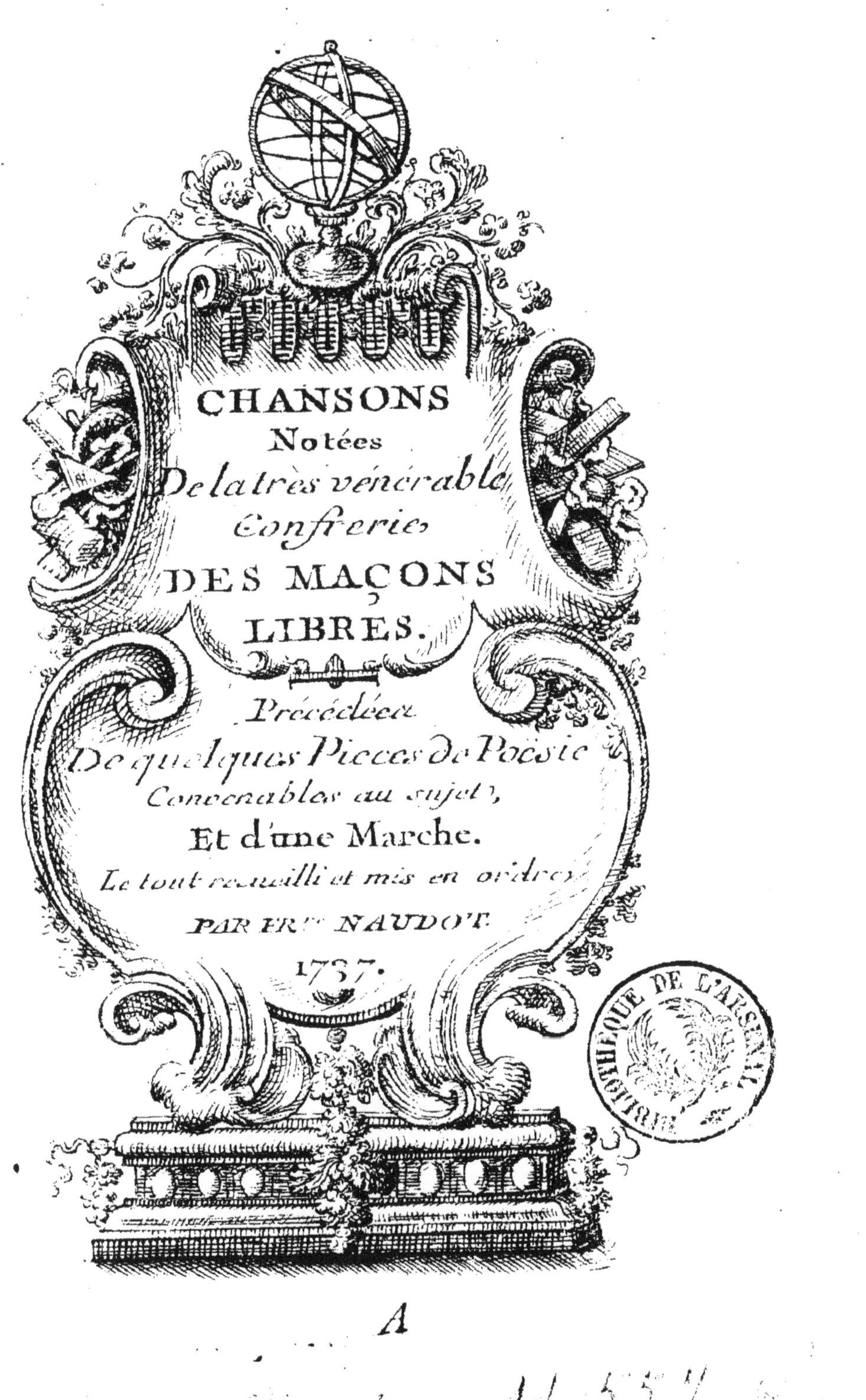

CHANSONS
Notées
De la très vénérable
Confrerie
DES MAÇONS
LIBRES.
Précédées
De quelques Pieces de Poesie
Convenables au sujet,
Et d'une Marche.
Le tout recueilli et mis en ordre
PAR FR.ᵉ NAUDOT.
1737.

A

NORMA MORUM.

Fide Deo, diffide tibi, fac
propria castas
Funde preces, paucis utere,
magna fuge,
Multa audi, dic pauca, tace abdita,
disce minori
Parcere, majori cedere, ferre
parem
Tolle moras, minare nihil;
contemne superbos
Fer mala, disce Deo vivere,
disce mori.

TRADUCTION EN VERS
Par M^r. Gobin.

Ne point présumer de soi-même,
S'appuyer sur l'Etre suprême,
Ne former que d'utiles vœux,
Se contenter du nécessaire,
Ne se mêler que d'une affaire,
C'est le sûr moyen d'être heureux.
Les grands emplois sont dangereux.
Ne point révéler de mistere,
Tout entendre, mais peu parler;
Sentir son avantage, et ne point
accabler
Celui sur qui nous avons la victoire,
Sçavoir céder aux grands, suporter
ses égaux,
Mepriser l'orgueilleux, fût-il couvert
de gloire,

A ij

Ne s'étonner de rien, soutenir
tous les maux,
Quoi que l'adversité nous blesse,
Sans nous troubler et sans ennui,
Bannir tout genre de paresse;
Et pour le dire enfin la plus haute
sagesse
Est en vivant pour Dieu, de mourir
avec lui.

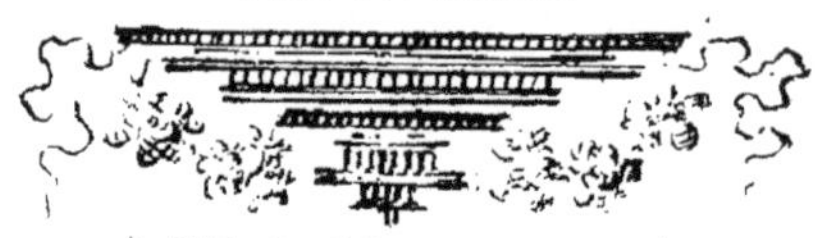

APOLOGIE
Des Francs-maçons.
Par Fre. Procope Médecin,
Et Franc-maçon.

Quoi, mes Frères, souffrirez-vous
Que notre auguste Compagnie
Soit sans cesse exposée à coups
De la plus noire calomnie?
Non, c'est trop endurer d'injurieux
soupçons.
Souffrez qu'à tous ici ma voix
se fasse entendre.
Permettez-moi de leur apprendre
Ce que c'est que les Francs-maçons.
Les Gens de notre ordre toujours
Gagnent à se faire connoistre:
Et je prétends par mes discours
Inspirer le desir d'en estre.
Qu'est-ce qu'un Franc-maçon. En
voici le portrait.

5

C'est un bon Citoyen, un Sujet
plein de zele,
A son Prince, à l'Etat fidele,
Et de plus, un ami parfait.
Chez nous régne une liberté
Toujours soumise à la décence:
Nous y goutons la volupté;
Mais sans que le Ciel s'en offense.
Quoi qu'aux yeux du public nos
plaisirs soient secrets,
Aux plus austeres loix l'ordre
sçait nous abstraindre.
Les Francs-maçons n'ont point
à craindre
Ny les remors, ny les regrets;
Le but où tendent nos desseins
Est de faire revivre Astrée,
Et de remettre les humains
Comme ils étoient du tems de Rhée.
Nous suivons tous des sentiers
peu battus;
Nous cherchôs à bâtir, et tous nos édifices
Sont, ou des prisons pour les vices,
Ou des temples pour les vertus.
Je veux avant que de finir,
Nous disculper auprès des Belles,
Qui pensent devoir nous punir
Du refus que nous faisons d'elles.
S'il leur est deffendu d'entrer dans
nos maisons,
Cet ordre ne doit pas exciter leur colere:
Elles nous en loueront, j'espere,
Lors qu'elles sçauront nos raisons.

B

Beau Sexe, nous avons pour
vous
Et du respect, et de l'estime ;
Mais aussi nous vous craignons
tous,
Et notre crainte est légitime ;
Hélas ! on nous apprend pour
première leçon,
Que ce fut de vos mains qu'Adam
reçut la pomme :
Et que sans vos attraits tout
Homme
Seroit peut-être un Franc-maçon.

———

QUATRIN.
Par Fr⁂ Ricaut.

———

Pour le public un Franc-maçon
Sera toujours un vrai problème,
Qu'il ne sçauroit résoudre à fond,
Qu'en devenant Maçon lui-même.

LES FRANCS-MAÇONS.

Songe.

ILLUSTRE Franc-maçon, dont
le cœur trop discret
Refuse à l'amitié le tribut d'un secret,
Apprends que j'ai percé les ombres
du mistere.
Ecoute le recit d'un songe qui m'éclaire.
Avant que le Dieu du repos
Répandit sur mes yeux ses humides
pavots,
Frappé de la brillante image
De ces siecles heureux soustraits
à l'esclavage
De la frivole vanité,
Je regretois ces jours où l'Homme
vraiment sage,
Et peu jaloux d'une vaine splendeur;
Pour la seule vertu décidoit la grandeur.
S'est-il donc écoulé pour ne plus paroître,
Cet âge plein d'attraits?
Le Ciel sensible à mes regrets
Ne le fera-t-il pas renaître?
Je soupirois encor, quand un songe
charmant
Sur les pas du sommeil, dans ce
sombre moment,
Fit à mon desespoir succeder l'espérance.

Ce temps heureux peut revenir
Mes loix vont régner sur la France;
Le présent me répond d'un heureux
    avenir.
    C'étoit la voix de la Nature.
Mille graces sans fard composoient
    sa parure,
Les innocents plaisirs, les vertus
    sur ses pas
Fixoient les cœurs heureux qu'attiroient
    ses appas.
Suis-moi, dit la Déesse, et que ton
    cœur admire
Le rapide progrès de mon naissāt
    empire.
Pour payer tes desirs je dévoile à
    tes yeux
Un spectacle enchanteur préparé
    pour les Dieux.
Arrête tes regards, et que ton cœur
    contemple
Mes fideles Sujets assemblés dans
    mon temple.
Là tous les cœurs unis sans gêner
    leurs désirs,
Font germer les vertus dans le sein
    des plaisirs.
Au tumulte des Cours ils préferent
    mes fêtes.
C'est ici que l'on voit les plus superbes
    têtes
Déposer leurs grands noms aux
    pieds de mes autels,

Et malgré la fierté qu'inspire la
fortune,
Ses favoris rangés sous une loi
commune,
Donner le nom de frere au moindre
des mortels.
Voila sur les humains ma plus
belle victoire;
Elle rappelle aux Grands la loi d'égalité;
Et fait fouler aux pieds l'idole
de la gloire,
Victime d'une aimable et noble liberté;
Liberté qui n'a rien d'une injuste
licence,
Qui des Rois et des Dieux sçait
respecter les droits.
Mon régne a consacré la juste
dépendance
Qu'impose le pouvoir et des Dieux
et des Rois.
Ne t'étonne donc plus de l'heureuse
harmonie
Qu'enfante l'unité de ce brillant accord;
La troupe que tu vois, par mes soins
réunie,
A choisi pour ses loix les mœurs
du siécle d'or.
Si le Sexe est banni, qu'il n'en ait
point d'allarmes;
Ce n'est point un outrage à la fidelité;
Mais je crains que l'Amour entrant
avec les charmes
Ne produise l'oubli de la fraternité.

C

Noms de frere et d'ami seroient
de foibles armes,
Pour garantir les cœurs de la
rivalité:
Dans le Sexe charmant trop
d'amabilité
Exige des soupirs, et quelquefois
des larmes;
Au plaisir d'être amis nuiroit la
volupté.
C'en est assez, dit l'aimable Déesse.
Tu connois mes enfans, je ne t'ay
rien celé;
Juge par le secret que je t'ai révélé,
Si j'exige des cœurs une austere
sagesse.
Pour confondre un vain peuple, et
de folles rumeurs,
Des Freres outragés, va publier les mœurs,
Et ne soupçonne point d'énigme
imaginaire.
Leurs signes ne sont rien, pour
être reconnus,
Ils n'ont d'autres signaux que
ceux de leurs vertus.

S'il est quelque secret, c'est aux
yeux du vulgaire,
Pour qui tant de vertus fut toujours
un mistere.
A ces mots disparut le songe et
le sommeil.
Permettez, Francs-maçons, qu'à
l'instant du reveil
Je cherche à vous faire connoître;
Ne redoutez point les revers;
Illustres Citoyens, vous n'avez
qu'à paroître,
Pour ranger sous vos loix la France
et l'Univers.

12
MARCHE DES MAÇONS LIBRES.
Par Frere Naudot.

B
Recomencez.
Recomencez.
Recomencez.
Recomencez.
D

CHANSON DES MAITRES.

I.er Couplet.

CHŒUR.

Deuxiéme
Couplet.

Les Rois les plus puissants
Que vit naître l'Asie,
Sçavoient des batimens
La juste simétrie:
Et des Princes Maçons,
Marqués dans l'Ecriture,
Aujourd'hui nous tenons
La noble Architécture.

Troisiéme
Couplet.

Par leur postérité
L'Art royal dans la Grèce
Parut dans sa beauté,
Dans sa délicatesse:
Et peu de tems après,
Vitruve, sçavant Homme,
Passeroit avec succès
Dans la superbe Rome.

Quatriéme
Couplet.

De là tout l'Occident
Reçut cette science;
Et principalement
L'Angleterre et la France
Où parmi les loisirs
D'une agréable vie,
On jouit des plaisirs
De la Maçonnerie.

Dij

Les Couplets cy devant page 15,
peuvent se chanter comme
cy dessous.

Cinquiéme Couplet.

Du monde l'Architecte, Qui joint à ses bien
Du monde l'Architecte, Qui joint à ses bien
Du monde l'Architécte, Qui joint à ses bien-
faits, Qui joint à ses bien
faits, Qui joint à ses bien-
faits, Qui joint à ses bien-
faits Ce jus qui nous humécte.
faits Ce jus qui nous humecte.
faits Ce jus qui nous humecte.

CHANSON DES SURVEILLANS.

crets font notre bonheur. De notre Art
crets font notre bonheur. De notre Art
crets font notre bonheur. De notre Art
chantons l'excelence: Exaltons sa magnificence,
chantons l'excelence: Exaltons sa magnificence,
chantons l'excelence: Exaltons sa magnificence,
Exaltons sa magnificence, Qui des Rois montre
Exaltons sa magnificence, Qui des Rois montre
Exaltons sa magnificence, Qui des Rois montre
la grandeur; Qui des Rois montre la grãdeur:
la grandeur; Qui des Rois montre la grãdeur:
la grandeur; Qui des Rois montre la grãdeur:

Deuxième Couplet.

Jabal, le pere des pasteurs,
Fut le premier qui fit des tentes,
Où paisible il vivoit des rentes
De ses innocentes sueurs :
Cette Architécture champêtre
Servit depuis pour le Soldat;
Et les Héros que Mars fait naître,
 * L'embellissent de leur éclat.

Troisiéme Couplet.

Jamais Neptune sur ses eaux,
De l'Architécture navale
N'eut vû la grandeur martiale,
Ni des commerçans les Vaisseaux;
Si Noé sçavant Patriarche,
Eclairé par le Tout-puissant,
De sa main n'eut de la belle Arche
Construit le vaste batiment.

Quatriéme Couplet.

Les Mortels devenant nombreux,
Aussitôt on vit l'injustice
Joindre à la force l'artifice,
Pour opprimer les malheureux;
Le foible alors pour se deffendre
Contre Nimrod fier Conquerant,
Entre les forts alla se rendre,
 Et lui résista vaillament.

Cinqui.e Couplet.

Le mépris du divin Amour
Fit que les Hommes fanatiques
Bientôt après firent des briques
Pour Babel la fameuse Tour;

La différence du langage
Vint déconcerter ces Maçons :
Qui renoncerent à l'ouvrage,
Contens d'habiter des maisons.

Sixiéme Couplet.

Moïse par le Ciel guidé,
Bâtit l'auguste Sanctuaire,
Où des vérités la lumiere
Par l'Oracle étoit annoncé.
Dès lors la sainte Architécture
Pour l'Idole étoit profané,
Et sa magnifique structure
Charmoit le Mortel étonné.

Sept.^e Couplet.

Le pacifique Salomon
Avoit de son tems l'avantage
D'être des Hommes le plus sage,
Et le plus excellent Maçon ;
Il érigea de Dieu le Temple,
Qui fut le chef-d'œuvre de l'Art :
Et tous les Rois à son exemple,
Furent Maçons de toute part.

Huit.^e Couplet.

De l'Art toute la majesté
En Grece, en Egipte, en Sicile,
A Rome, en France, en cette Ville,
De là fut après transporté.
Aujourd'hui nous passons l'Asie,
Dans la beauté des bâtimens :
Et mieux qu'elle avec l'ambrosie,
Nous buvons des vins excellens.

———————

On reprend le Chœur.

F

Chanson des Compagnons.
1er Couplet.
Seul.
ART divin, l'Etre suprême Daigna te donner lui même Pour nous servir de rem-
parts, Pour nous servir de remparts. Que dans notre illustre loge Soit célébré ton éloge Qu'il vo-
le de toutes parts. Qu'il vole de toutes parts
Chœur.
Que dans notre illustre loge Soit cé-
Que dans notre illustre loge Soit cé-
Que dans notre illustre loge Soit cé-
lébré ton éloge, Qu'il vole de toutes
lébré ton éloge, Qu'il vole de toutes
lébré ton éloge, Qu'il vole de toutes

parts, Qu'il vole de toutes parts.
parts. Qu'il vole de toutes parts
parts. Qu'il vole de toutes parts.
2e. Soit que loin Phébus recule, Soit que
Couplet Soit que loin Phébus recule, Soit que
Soit que loin Phébus recule, Soit que
de près il nous brule, Toujours cet Art
de près il nous brule, Toujours cet Art
de près il nous brule, Toujours cet Art
nous deffend, Toujours cet Art nous deffend.
nous deffend, Toujours cet Art nous deffend.
nous deffend, Toujours cet Art nous deffend.

3.e Coupl.t Faisons retentir sa gloire,
Sur le Honorons-en la mémoire,
même Air. Par nos vers et nos chansõs:
 Que le jus de la vendange
 Se répande à sa louange,
 Parmi les bons Compagnons.

Chanson des Aprentifs.

G

II.

Le monde est curieux
De sçavoir nos ouvrages :
Mais tous nos envieux
N'en seront pas plus sages.
Ils tachent vainement
De pénétrer nos secrets, nos misteres,
Ils ne sçauront pas seulement
Comment boivent les Freres.

III.

Ceux qui cherchent nos mots,
Se vantant de nos signes,
Sont du nombre des sols,
De nos soucis indignes ;
C'est vouloir de leurs dents
Prendre la Lune dans sa course altiere
Nous-mêmes serions ignorans,
Sans le titre de Frere.

IV.

On a vû de tout tems
Des Monarques, des Princes,
Et quantité de Grands
Dans toutes les Provinces,
Pour prendre un tablier
Quitter sans peine leurs armes guerrieres,
Et toujours se glorifier
D'être connus pour Freres.

V.

L'antiquité répond
Que tout est raisonable,
Qu'il n'est rien que de bon,
De juste et vénérable
Dans les Sociétés
Des vrais Maçons et légitimes Freres;
Ainsi buvons à leurs santés,
Et vuidons tous nos verres.

VI.

Joignons-nous main en main,
Tenons-nous ferme ensemble,
Rendons grace au Destin
Du nœud qui nous assemble:
Et soyons assurés
Qu'il ne se boit sur les deux Hémispheres
Point de plus illustres santés,
Que celles de nos Freres.

———

A ce dernier Couplet on dira trois fois
la petite Reprise.

—

FIN.

Voyez la Suite, à la page 32.

Gij

DUO

Pour les Francs-maçons.

Par le Frere Naudot.

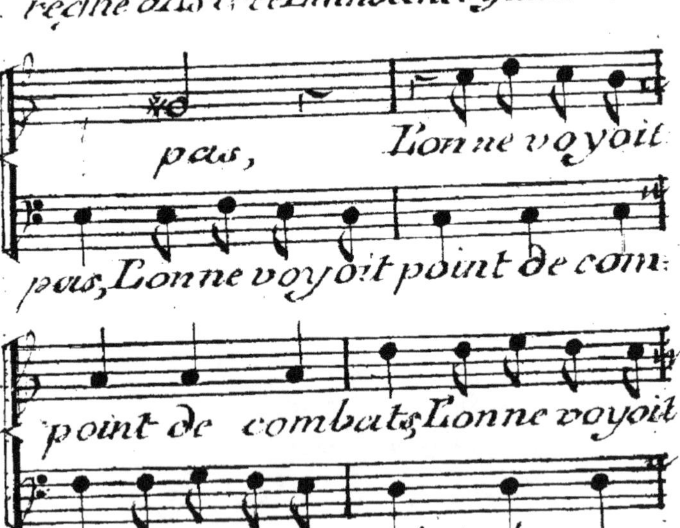

point de combats, Ni la terre, ni la
-bats; Ni la terre ni la terre, ni la
terre de morts jonchée; En voici
terre de morts jonchée; En voici
Frere la raison: Chaque Homme étoit
Frere, la raison: Chaque Homme étoit
un Franc-maçon. Tous les petits,
un Franc-maçon. Tous les pe-
comme les grands S'ans nulle
-tits comme les grands, comme les

plain te, Sans nulle
grands, Sans nulle plainte ni mur
plainte ni murmu
mu re, Partageoint egale
re, Partageoint egalement Les
ment Les biens, les biens, les
biens que produit la nature. Sans nulle
biens que produit la nature.
plainte, Sans nulle plainte
Sans nulle plainte ni murmu

sans nulle plainte, sans nulle plainte ni mur-
-mure, Partageoint également Les
re, Partageoint également Les
biens que produit la nature, En voi-
biens que produit la nature, En voi
-ci Frere, la raison: Chaque Homme étoit
-ci Frere, la raison: Chaque Homme étoit
un Franc-maçon.   FIN.
un Franc-maçon.

Suite de la Chanson des Aprentifs. *Page 25.*
Par le Frere ********

I.

FRERES et Compagnons
De cet Ordre sublime,
Par nos chants témoignons
L'esprit qui nous anime;
Jusques sur nos plaisirs
De la Vertu nous appliquons
L'Equiere;
Et l'art de régler ses desirs
Donne titre de Frere.

II.

C'est ici que de fleurs
La Sagesse parée,
Rappelle les douceurs
De l'Empire d'Astrée;
Ce nectar vif et frais,
Par qui souvent s'allument
tant de guerres,
Devient la source de la paix,
Quand on le boit en Freres.

III.

Par des moyens secrets
En dépit de l'envie,
Sans remords, sans regrets,
Nous seuls goutons la vie;
Mais à des biens si grands
En vain voudroit aspirer
le vulgaire.
Nous mêmes serions ignorans,
Sans le titre de Frere.

IV.

Prophanes, curieux
De savoir notre ouvrage,
Jamais vos foibles yeux
N'auront cet avantage;
Vous tachez follement
De pénétrer nos plus profonds
misteres;
Vous ne sçaurez pas seulemēt
Comment boivent les Freres.

V.

Si par hazard l'ennui
Donne quelque allarme,
Aussitôt contre lui
Nous chargeons tous nos armes:
Et par l'ardeur d'un feu
Plus petillant que les
foudres guerrieres
Nous chassons bientôt de ce lieu
Cet ennemi des Freres.

VI.

Buvons tous en l'honneur
Du paisible Genie,
Qui préside au bonheur
De la Maçonnerie.
Dans un juste rapport
Que par trois fois un signal
de nos verres
Soit le simbole de l'accord
Qui regne entre les Freres.

VII.

Joignons-nous main en main,
Tenons-nous ferme ensemble:
Rendons grace au Destin,
Du nœud qui nous assemble:
Et que cette unité,
Qui parmi nous couronne
les misteres,
Enchaine ici la volupté,
Dont jouissent les Freres.

On repete ces deux vers 3 fois

FIN.

CHŒUR.

35
Gravement.
Nos Maçons ont été De
Nos Maçons ont été De
toute anti - quité. Nos Ma -
toute anti - quité. Nos Ma -
Gracieusement.
Duo
PAR nos Ma - çons
PAR nos Ma -
le monde fut vou - - te.
- - çons le monde fut vou-

34
De toute antiqui — té
té Le monde fut rou
Le monde fut rou — té,
té, De toute antiqui
De toute antiquité Nos Maçons ont ré
té Nos Maçons ont régné, ont ré
Au Chœur.
gné, De toute antiqui té. Nos Ma
gné De toute antiqui té. Nos Ma

Duo.
Nul n'a pénétré Leur
Nul n'a pénétré Leur signa sa-
signe sacré; Par tout visible, et par
-cré, leur signe sacré, leur signe sa-
tout igno. re, et par tout igno
-cré, et par tout ignoré, et par tout igno-
-ré. Par tout visible, et par tout igno-
-ré. Par tout visible, et par tout igno-

ré, et par tout ignoré et par
ré, et par tout igno ré, et par
tout igno ré,
tout igno ré, et par tout igno-
et par
ré, et par
tout igno ré. Nos Maçons.
Au Chœur.
tout ignoré. Nos Maçons.

PARODIE DU F∴ GODENECHE

Sur la Marche des Francs-Maçõs

DU F∴ NAUDOT.

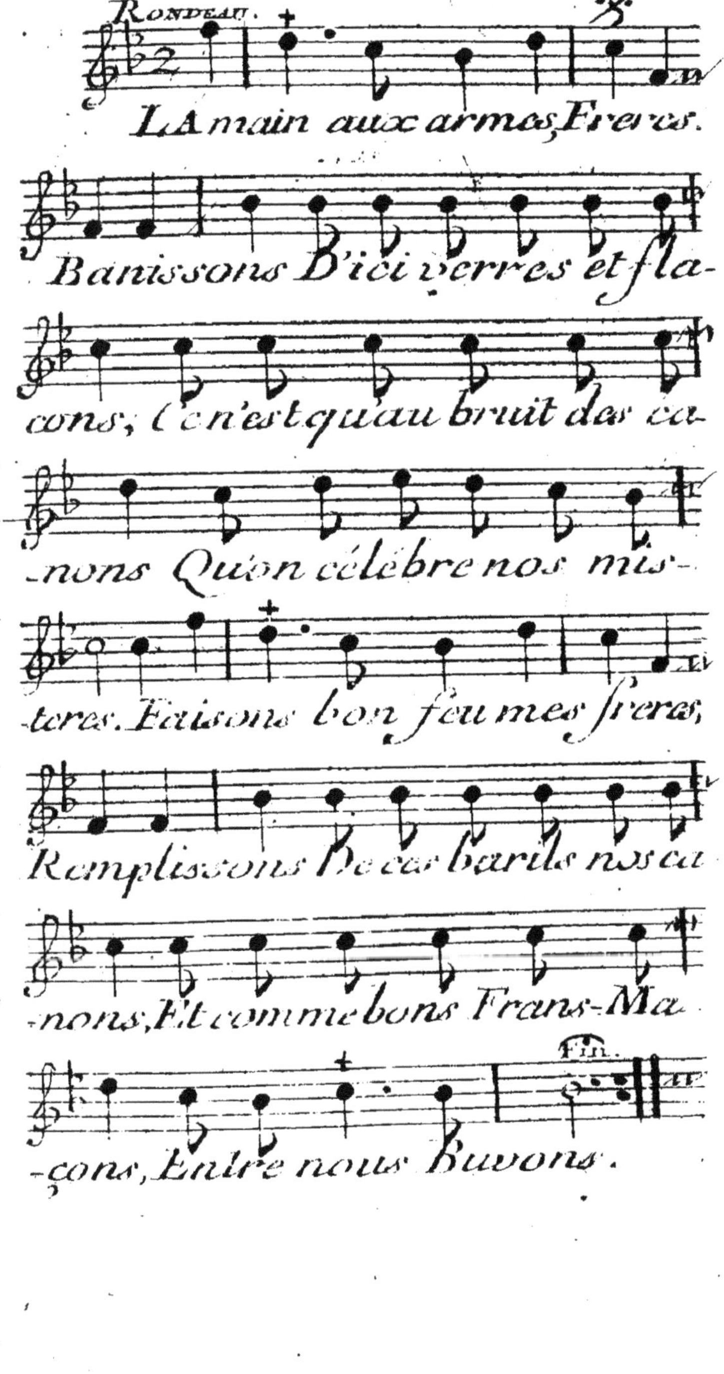

1.er Couplet.
38
Quel don fut jamais plus préci-
eux? Nous tenons de nos A-
yeux Un secret impénétrable: Qu'il
soit inviolable En tous lieux, même à
table, Craignons qu'un profane curieux N'en puisse instruire nos envi-
Au Rondeau.
- eux. La main aux armes Freres.

IIe COUPLET.
39
Fleau de la mélancolie, Plaisir, Pere de la saillie, Pour
serrer le noeud qui nous lie Fais
qu'une flateuse harmonie Par
d'aimables chansons Egaye
Au Rondeau.
nos Lecons. La main aux armes